AF438299

Cour des Pairs.

Présidence

de M. le Chancelier de France.

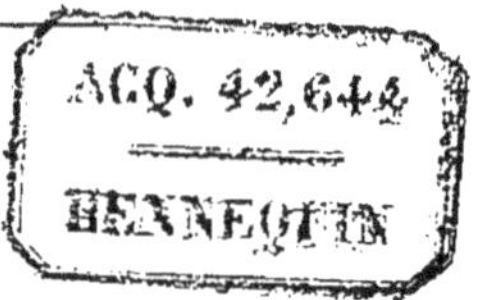

ATTENTAT ET COMPLOT

DU 13 SEPTEMBRE 1841.

Séance du Samedi 11 Décembre.

PARIS,

VINCHON, IMPRIMEUR,

RUE J.-J. ROUSSEAU 8.

1841.

A mon Ami

Benjamin Delessert.

PLAIDOYER

POUR

ALEXIS FOUGERAY.

MESSIEURS LES PAIRS,

Je me présente dans cette cause pour Alexis
FOUGERAY. Je viens faire appel en sa faveur à tous les
souvenirs de l'instruction écrite, à toutes les impressions de vos dernières audiences. On a cherché
tout à l'heure à détruire ces impressions, et à compro-
mettre à vos yeux la situation favorable qu'il s'est faite
par sa franchise. Je ne veux, Messieurs, ni m'en étonner
ni m'en plaindre. Il importe quelquefois à la nécessité
d'une discussion libre et approfondie de livrer la conscience et la conduite d'un homme aux investigations
et aux commentaires de tous ; mais ces commentaires,
on peut avec confiance le dire devant vous, s'ils ne sont
pas sans amertume pour l'accusé, sont toujours sans
danger pour la justice. C'est le privilége des juridic-
tions élevées comme la vôtre, Messieurs les Pairs, de
rendre plus stériles et plus impuissantes encore ces ré-
criminations intéressées qui ont bien le droit de se
faire entendre partout, mais qui ne peuvent pas avoir
l'espérance d'égarer ici votre impartialité. Pour ma
part, je les ai écoutées avec plus de tristesse que d'inquiétude. Défenseur de Fougeray, obligé, pour satis-

faire à ses intérêts les plus chers, de le protéger contre ces reproches immérités, je me félicite d'avoir à justifier devant vous la sincérité de sa parole et la loyauté de ses intentions. Mais, permettez-moi de vous le dire en commençant, Messieurs, si l'élévation de votre justice facilite en quelque sorte la défense, et me rassure complètement sur le sort de mon jeune client, le spectacle de cette haute justice effraie mon inexpérience, et ce n'est que par mes titres mêmes à votre indulgence, que je puis me croire en ce moment quelques droits à votre attention.

Au milieu de tous ces pénibles débats, Alexis Fougeray n'a rien perdu dans votre esprit, j'aime à le croire, Messieurs ; toutes ces explications hasardées sur sa conduite ne lui ont point enlevé cette sympathie qu'il méritait déjà par son jeune âge avant de la mériter par son repentir. Son retour spontané à des sentiments meilleurs, sa persévérance courageuse ont éclairé en même temps et satisfait votre justice. Peut-être trouverez-vous, pour sa justification, de nouvelles preuves ; pour votre bienveillance, de nouveaux motifs, si vous voulez me permettre de vous faire connaître quelques traits de son caractère et quelques évènemens de sa vie.

Ne craignez pas que je vienne vous présenter un portrait trop long ou trop complaisant, ni lui prêter, pour les besoins de ma cause, des qualités factices et imaginaires. Vous avez le droit de tout savoir, je ne saurais mieux faire que d'imiter sa franchise pour partager aussi sa sécurité.

Alexis Fougeray a vingt-quatre ans ; ce sera là le premier mot de sa défense. On peut faire deux parts dans son passé, et deux périodes distinctes dans sa très simple et très courte histoire. Dans sa première jeunesse, son caractère se forme et sa vie se développe sous l'heureuse influence des sentiments de famille. Il semble porté au bien par l'impulsion de sa propre nature et par la puissance des exemples journaliers qui l'entourent. Fils dévoué, ouvrier habile, il trouvait dans sa satisfaction personnelle et dans les encouragemens des autres la récompense de sa bonne conduite. Hier encore, dans les confidences de la prison, il aimait à me reparler de cette époque dont le malheur le sépare bien plus que le temps, et il avait peine à s'expliquer par quelles étranges aberrations il avait pu démentir des commencemens si honnêtes et si bons. Je ne puis, Messieurs, que joindre mes regrets aux siens et déplorer avec lui, avec vous, qu'il ait quitté trop tôt cette salutaire influence de la vie de famille pour se livrer à des influences étrangères et abandonner son esprit et son cœur au triste empirisme des passions politiques.

Fougeray aimait le travail, et dans un métier qui est presque un art, il faisait preuve d'intelligence et de bon goût. Ses premiers succès excitèrent son émulation, et par un sentiment dont il faut louer le zèle plutôt que le résultat, il avait voulu fortifier par de meilleures études ses études incomplètes d'ouvrier. J'oserai dire ici toute ma pensée ; si l'instruction de Fougeray avait été complète, si la religion, si la morale s'y étaient mêlées pour tempérer les excitations nouvelles de l'intelligence et de la volonté, je n'aurais pas assurément à m'en plaindre, car Fougeray ne serait pas ici. Mais l'instruction a ses degrés et ses périls ; et il y a, Messieurs, une certaine instruction superficielle et tronquée, que je ne craindrai pas d'appeler un présent funeste, car elle tend à donner à l'homme une idée exagérée de ses forces, et elle éveille ses désirs sans les satisfaire. Bientôt les vœux du jeune ouvrier dépassèrent les murs de l'atelier modeste dans lequel sa vie semblait devoir, obscure et heureuse, se renfermer.

Il avait vingt ans ; il vint à Paris, laissant derrière lui un passé qui était sans tache.

L'avenir n'était pas sans périls, Messieurs. Ce procès nous les a fait saisir tous dans leur triste réalité. Le bon sens s'effraye, l'esprit s'humilie à l'aspect de ces doctrines monstrueuses qui ont la prétention de s'imposer au monde, et l'on ne sait ce qu'il faut admirer davantage, ou du dogmatisme éhonté avec lequel elles se produisent, ou de la grossière barbarie qu'elles annoncent. Il faudrait un regard plus ferme et plus aguerri que le mien pour contempler de sang-froid ces utopies sauvages, cette débauche systématique de l'intelligence et du cœur, et surtout cette exaltation de la force individuelle qui met en doute et voudrait mettre en péril toutes les nécessités sociales. Il n'est pas dans mes intentions, il ne serait pas dans mes forces d'aborder ces sinistres problèmes ; mais il n'est pas indifférent à ma cause de vous faire remarquer qu'au milieu de tous ces ravages dans les institutions de la société, aussi bien que dans le cœur de l'homme, une propagande factieuse a pu entraîner une raison de vingt ans ; de vous faire remarquer que l'ardent prosélytisme des factions populaires a bien pu le mettre pour quelque temps au service d'une cause qu'il devait désavouer le jour même où il pouvait la comprendre. Oui, lorsque la conscience d'un homme est ouverte presque sans défense et sans contrepoids à l'envahissement des mauvaises doctrines, à la contagion du fanatisme, lorsqu'à la provocation intérieure des mauvais instincts de notre nature, vient s'ajouter une provocation incessante qui remue jusque dans les cœurs les plus simples tous les germes de fiel et de haine; faut-il s'étonner si cette conscience s'égare, si les recruteurs de la sédition se flattent de pouvoir compter sur une oreille crédule et sur un bras docile? On vous l'a dit souvent, Messieurs, et le défenseur de Fougeray doit vous le répéter avec plus de confiance encore, pour apprécier les fautes d'un homme il ne faut pas le séparer du milieu dans lequel il a vécu et de l'atmosphère qui l'environne. Pour moi, sans être accusé de paradoxe et sans prêcher l'impunité, j'oserai prétendre qu'au milieu de cette anarchie intellectuelle et de ce désordre moral, la responsabilité personnelle de ce jeune Alexis s'efface et disparaît presque entièrement; telle est la thèse que je viens offrir à votre justice, et, s'il le faut, à votre clémence et à votre bonté.

La défense, pour être complète, doit répondre à une double accusation : à l'accusation générale de complot, dans lequel le ministère public lui donne un rôle, et ensuite à une accusation plus spéciale et plus intime qui est partie de la place même où je parle, à une accusation de trahison et de lâcheté.

Je ne veux manquer, Messieurs, ni à l'une ni à l'autre des nécessités de la défense. Au ministère public, je dois prouver que la participation de mon client aux sociétés secrètes, si elle fut coupable, ne fut jamais dangereuse pour la cause de l'ordre et pour le repos de la société. J'aurai ensuite à vous montrer dans ses aveux, non pas le calcul d'un misérable égoïsme, le *sauve qui peut* du désespoir, mais la première réparation qu'il devait à votre justice, et pour ainsi dire l'expiation anticipée de ses fautes.

Dans un complot il y a deux choses, Messieurs : la doctrine et l'homme, le mobile et l'action, la cause et le fait. Un mot, un mot seulement sur la doctrine et sur la cause. Est-ce que Fougeray est pour quelque chose dans ce dévergondage d'esprit ? Est-ce dans ce cerveau de vingt ans que sont écloses toutes ces extravagances superbes ? Est-ce lui qui, pour son apprentissage politique, a créé et mis au monde toutes ces questions de destinée et de sociabilité humaine, de droit public et de droit privé, et ces solutions qui outragent la Providence et profanent les idées les plus élevées de la nature ?

Messieurs, ces questions sociales, qui s'agitent autour de nous, avec tant de bruit et de danger, ont été pendant longtemps contenues dans ces sphères élevées de la société où les passions humaines se refroidissent et s'épurent. Mais de nos jours, dans un temps d'émancipation hardie et de concurrence illimitée pour la pensée, toutes ces questions sont sorties des académies et des chambres, pour faire invasion dans le peuple, et nous avons peine à les reconnaître, défigurées et travesties comme elles le sont, sous la livrée des passions populaires. Les voilà maintenant qui courent les rues ! Les voilà qui servent à la mise en scène et à l'achalandage des cabarets ! Les voilà qui défraient les conversations d'atelier et de carrefour, pour leur donner, sans doute, plus de relief et de saveur ! Eh bien ! au milieu de ces prédications ouvertes ou clandestines, jetez un jeune homme de vingt ans, d'une intelligence curieuse, d'un caractère facile ; n'est-il pas vrai que nous pouvons en quelque sorte prévoir, par les dangers auxquels il est exposé, les maux auxquels il succombera ? N'est-il pas vrai que le cœur aigri des uns, l'imagination malade des autres, sauront bien vite inoculer en lui des désirs inconnus à son insouciante jeunesse ? Fougeray arrive du Mans ; il est seul à Paris, et il a vingt ans ; il croit entrer dans un atelier, il entre dans une école politique ; il veut se livrer à son art, il veut être ébéniste, ni plus ni moins ; mais on lui donne en même temps des leçons de haute politique. Il demandait des outils et du travail, on lui donne des pamphlets et des plans de gouvernement. Il demandait un modeste salaire, on ajoute à ce salaire des théories de bonheur universel, et je ne sais quelles chimères qui feraient de ce pays de France 'la terre promise de la fainéantise et de l'égoïsme. (Sensation.)

Quitte-t-il l'atelier pour le cabaret, veut-il rechercher les délassements ordinaires de l'ouvrier, il y trouve les mêmes sermons, les mêmes apôtres, les mêmes embaucheurs. Ainsi, Messieurs, dans l'atelier, dans le cabaret, au travail et dans ses loisirs, les mêmes dangers l'attendent, et c'est là le secret de cette initiation imprudente aux sociétés secrètes. Fougeray n'est entré dans les clubs ni par une idée fausse, ni par un mauvais sentiment ; il y est entré par ignorance et par laisser-aller ; il y est entré par imitation plutôt que par un élan spontané, et il y est resté par habitude plutôt que par goût. Si Fougeray avait eu un conseil, un ami, une heureuse influence pour le protéger et l'avertir ; si, à défaut d'avertissements et de conseils, il avait vécu dans un temps de discipline morale, Fougeray serait aujourd'hui ce qu'il veut être encore, Messieurs, un bon et loyal jeune homme sans fiel et sans haine ; et doit-on lui imputer à crime ce qui n'est, avant tout,

que le malheur des temps ou la faute des suggestions
étrangères ?

Tel est, messieurs, le premier contraste que je de-
vais vous signaler entre les doctrines de l'association et
l'intelligence de l'accusé. C'est le premier, ce n'est
pas le seul, et je puis vous montrer aussi, entre le caractère de Fougeray et le but du complot, la même
distance qu'entre son intelligence et les doctrines favo-
rites des travailleurs égalitaires. Son caractère n'est
pas mieux trempé pour les épreuves de la vie publique,
que son esprit n'est prêt pour de tels systèmes. Je ne
veux vous donner ici qu'un renseignement bien simple,
un détail de mœurs qui pourrait paraître puéril, si je
ne savais, Messieurs, que vous ne dédaignez pas d'é-
clairer les convictions du juge par les impressions
même du moraliste. J'ai visité les ateliers fréquentés
par Fougeray. J'ai fait quelques questions sur la vie
habituelle de Fougeray ; la réponse a été partout que
Fougeray avait conservé avec ses compagnons le caractère le plus jeune et le plus joyeux, le plus libre de
préoccupations et de soucis. Cette gaîté, qui paraît être
le fond de son caractère, n'aurait-elle pas disparu devant
les spéculations politiques ? S'il avait joué un rôle actif
dans ces machinations, n'aurait-on pas vu les formes
extérieures de son caractère se modifier ? S'il avait été
un de ces rêveurs maniaques, une de ces natures excen-
triques qui croient porter sur leur tête le poids du
monde, n'aurait-on pas retrouvé en lui quelque chose
des sombres inimitiés et de la sauvage exaltation de leurs
pensées? Je n'insisterai pas plus longtemps sur ce point.
Par l'intelligence de Fougeray et par son caractère,
par ses habitudes d'esprit et par ses manières d'être,
par son intérieur et par son extérieur, j'arrive à vous

démontrer qu'il ne valait rien pour les crimes politiques. Pour l'association, il faut plus d'intrigues; pour le complot, il faut plus d'énergie. Ne lui enlevez pas, je vous prie, Messieurs les Pairs, la position effacée qu'il doit à l'insignifiance de ses idées et à la jeunesse de son caractère. Laissez la situation telle qu'elle est; l'homme tel qu'il s'est montré lui-même; la situation gagne à être mieux comprise autant que l'homme gagne à être mieux connu.

En vous parlant d'abord de l'intelligence et du caractère de cet homme, en les mettant en parallèle avec les doctrines et le but de l'association, ne croyez pas, Messieurs les Pairs, que j'aie voulu prolonger votre audience par une préface inutile. Je n'ai eu d'autre désir, Messieurs, vous le reconnaîtrez vous-mêmes, que d'abréger et de simplifier ma défense. Maintenant que vous savez tout ce qu'il pouvait faire, il est moins nécessaire de dire tout ce qu'il a fait. Connaître ses intentions, c'est connaître à l'avance ses actions. Les unes et les autres ont dans le procès la même portée, et trouveront dans votre esprit la même mesure. Je puis donc vous épargner à tous le récit de tous les événements auxquels le nom de Fougeray est mêlé et le compte-rendu de tous les conciliabules de la faction. J'ai seulement, dans l'intérêt de Fougeray, quelques explications très courtes à vous offrir, et quelques questions à vous soumettre.

Le rôle de Fougeray est tout à fait subalterne, et, même au rang secondaire qu'il occupe, l'initiative de ses actions personnelles ne lui appartient pas. Dans les faits antérieurs et dans les faits actuels de la cause, vous retrouverez toujours une influence étrangère et une instigation supérieure. Au 12 mai 1839, l'émeute le rencontre et l'entraîne avec elle; les factions arment son bras; mais, grâce à Dieu, l'arme n'est pas meurtrière, et la réflexion, le repentir, l'horreur du sang versé autour de lui, le chassent bientôt du lieu du combat. La Cour le sait, c'est la Cour elle-même qui ordonnait six mois après sa mise en liberté. Au nom de votre arrêt, Messieurs, je suis en droit de vous prier aujourd'hui de vouloir bien effacer de votre pensée ce triste souvenir, comme je voudrais pouvoir l'effacer de sa vie. Sa conduite au 12 mai vous explique son rôle dans les faits actuels et la part spéciale qui lui revient. Ces faits se rapportent pour lui à la détention d'armes de guerre, à quelques réunions chez les marchands de vin. Les armes de guerre sont quelques cartouches. Dans les réunions, son rôle se résume en deux mots : écouter et obéir.

Je n'ai rien de plus à vous dire sur les faits, Messieurs; vous avez deux moyens de les apprécier. Voulez-vous ne prendre conseil que de votre équité? j'ai tout à espérer de vous. Fougeray, entraîné par l'inexpérience de l'âge et la faiblesse du caractère, dans des fautes qui ne sont pas les siennes, Fougeray ne trouvera dans votre arrêt que des paroles de compassion et d'oubli. Préférez-vous le droit à l'équité? Je n'ai rien à craindre, et je ne veux pas déserter ma cause. Je ne rentrerai pas dans la discussion légale; elle a été agrandie à la fois et épuisée par les jurisconsultes que vous avez entendus; mais c'est la loi qui vous demande, et je vous demande avec la loi, Messieurs, de rechercher avant tout, pour reconnaître ce complot, cette résolution d'agir, cette persévérance de volonté qui, seule, constitue le crime et mérite une répression. Résolution d'agir! Pour lui, c'est la résolution d'entrer dans des cabarets, de causer avec quelques ouvriers, et d'échanger, le verre à la main, quelques phrases et quelques projets; mais, quand, le 13 septembre, on vient lui donner rendez-vous au faubourg Saint-Antoine pour la *manifestation*, il reprend le chemin de son atelier. Si vous voyez quelquefois Fougeray dans les tanières de la sédition, si vous le voyez témoin de quelques réunions, confident de quelques projets, vous ne le verrez jamais l'agent sérieux d'une résolution criminelle, vous ne le verrez pas surtout parmi ceux qui, le 13 septembre, rédigeaient, sur le comptoir d'un marchand de vin, le programme de la révolution nouvelle, parmi ceux qui attendaient de sang-froid, l'arme au bras, au coin de la rue, l'héritage de l'assassinat! Je réclame donc avec confiance, Messieurs, pour l'accusé Fougeray, une distinction nécessaire et légale entre l'association et le complot. S'il est vrai, comme on l'a dit depuis longtemps, qu'il n'y a pas de synonyme dans notre langue française, c'est pour la langue du droit, si précise, et, permettez-moi de le dire, si loyale dans ses définitions et dans ses formules, qu'il faut surtout le répéter. Chaque mot a sa valeur, chaque crime a sa portée, et si une argumentation habile peut découvrir et mettre en relief, dans les phases successives et variées de l'association, les caractères accidentels et passagers de la conspiration, y a-t-il pour mon jeune client un enchaînement de preuves qui vous autorise à lui dire : « Fougeray, vous étiez du complot? »

Je n'ai plus rien à répondre au ministère public dans l'intérêt de Fougeray; il a la protection du droit, la protection de votre équité; par un double et précieux avantage de la défense, je puis attendre votre complète indulgence de la libre et généreuse inspiration de vos âmes, aussi bien que d'une interprétation raisonnable de la loi.

Pour obtenir cette indulgence, je n'aurais pas besoin de vous rappeler, Messieurs, la conduite de Fougeray dans l'instruction et dans les débats. Mais tout le monde n'a pas voulu apprécier cette conduite comme la Cour dans sa haute impartialité doit le faire, et je ne veux pas laisser aux adversaires de Fougeray la satisfaction de croire qu'ils ont pu effrayer sa défense et menacer par leurs reproches l'avenir de mon client. Je parlerai donc des aveux de Fougeray. Mais rassurez-vous, Messieurs, je ne viens pas fatiguer votre justice par de tristes représailles ; je ne viens pas même demander entre les accusés et Fougeray un parallèle qui ne serait favorable qu'à Fougeray lui-même, je ne m'occuperai pas des hommes, je ne prononcerai pas de noms propres, mais j'ai le droit à mon tour de me faire cette question : Y a-t-il là imposture ? Y a-t-il là trahison ?

Imposture ? Messieurs ! Ah ! permettez-moi de le dire bien vite, Fougeray n'est pas un imposteur ! Si Fougeray était coupable de tous les crimes que le ministère public reproche aux autres accusés, si on pouvait lui dire qu'il a trempé dans les machinations de l'attentat et du complot, je ne voudrais pas encore, s'il le fallait, abandonner sa défense ; mais si Fougeray accusé, et innocent, avait voulu même, pour faire triompher son innocence, inventer un roman et marchander sa liberté par d'odieux mensonges, je ne voudrais pas réclamer pour lui le bénéfice de l'imposture. Je ne serais pas ici pour dévouer ma parole à une telle lâcheté, et je n'aurais pour lui dans le fond de mon cœur qu'indignation et dégoût. Mais, Messieurs, je n'ai pas à me tourmenter de cette inquiétude. Fougeray a dit la vérité, toute la vérité, et si l'accent de sa voix, la simplicité de la forme, si la tenue de l'accusé n'ont pas apaisé tous vos scrupules et porté dans vos esprits une entière conviction, je ne sais pas encore par quelle logique ou par quelle certitude je pourrais donner auprès de vous à ses paroles plus de crédit et plus d'autorité.

Le récit de Fougeray est-il donc un récit isolé et perdu au milieu d'une vaste procédure? Est-ce dans la bouche de Fougeray que, pour la première fois, les noms qu'il devait signaler à la justice ont été réunis? Est-ce lui aussi qui a donné à quelques uns de ces hommes ces antécédents sinistres ? Pourquoi supposer un mensonge, quand de toutes parts au contraire, par le nombre et par l'enchaînement des preuves, la vérité se montre dans toute sa puissance et dans tout son éclat ?

On a dit, on ne manque pas de vous dire encore, Messieurs, que la situation de Fougeray n'est pas désintéressée, et qu'il importe peut-être à sa sécurité personnelle de rejeter sur d'autres l'inspiration et la responsabilité de ses fautes. Voulez-vous parler d'intérêt? Prenez garde ; il me sera facile de vous démontrer que l'intérêt de Fougeray dans ses révélations est bien moindre que dans le vôtre vos opiniâtres dénégations. Voulez-vous parler de vengeance? Prouvez-la ? J'attendrai vos preuves. Au lieu de ces réponses faciles, qui ont le malheur de s'appliquer à toutes les causes, sur l'intérêt et sur la vengeance de l'accusé, on prendra peut-être des moyens plus habiles et toujours nouveaux; on cherchera dans une subtile analyse quelques

invraisemblances ou quelques contradictions ; on fera
grand bruit d'une indication erronée dans les dates ou
d'une inversion dans les mots ; on croira avoir fait une
large brèche dans l'ensemble des dépositions de Fougeray, et on voudra inquiéter votre justice en opposant
des apparences futiles à l'évidence de la réalité ! La
Cour saura se tenir en garde contre les abus de l'analyse ; la vérité est dans l'ensemble, dans la généralité
des faits ; c'est le bon sens qui le veut ainsi, c'est le
bon sens qui protégera devant vous la loyauté de mon
client.

Si Fougeray n'est pas un imposteur, Fougeray est-il
un traître ? Permettez-moi de m'étonner d'avoir à répondre à un tel reproche ? Est-il possible que les principes du bien et du mal soient à ce point confon-
dus, et suis-je obligé de prouver qu'un serment
prêté pour une cause impie et parricide ne doit pas
engager la conscience et enchaîner les paroles ? Faut-
il dire avec le droit que l'injustice de la cause, la
violence de la forme enlève au serment tout ce que
le serment pourrait avoir de force et de vertu ? Faut-
il rappeler avec la loi morale que la honte est de le
prêter et non pas de s'en affranchir ? C'est là une de
ces vérités qui ne se démontrent pas, surtout devant
la première assemblée de France, et je suis sûr de ne
pas être démenti par vous, Messieurs les Pairs, en sou-
tenant que dans ces prétendues trahisons de Quénisset,
de Boucheron et de Fougeray, il y a mieux que des
reproches à faire, il y a de graves enseignements. Les
factions s'imaginent, dans leur propagande insensée,
qu'elles auront toujours bon marché de la conscience,
de la raison, du courage d'un homme ; elles s'imaginent l'avoir discipliné et asservi au point de n'avoir

rien à craindre, et un jour vient où la victime retrouve sa raison, sa conscience, son courage, pour dire à la justice : Voilà ceux qui m'ont poussé, voilà ceux qui m'ont perdu. Oui, oui, enflez votre voix, fermez-lui les yeux, effrayez son esprit par le misérable appareil du mélodrame, remuez en lui toutes les cordes de son âme, la passion, l'intérêt, la terreur, vous n'étoufferez pas les lumières de son intelligence, vous ne briserez pas les ressorts de sa volonté, et c'est par là que le malheureux vous échappera un jour, laissant après lui ses regrets pour l'exemple de tous, et ses aveux pour preuve à la justice.

Ses regrets, ses aveux ! Ce n'est pas sans intention que je réunis ces deux mots : les uns et les autres ont été inspirés par un même sentiment. C'est le repentir, ce n'est pas l'intérêt, c'est le repentir, ce n'est pas la vengeance qui fait aujourd'hui Fougeray tel que vous le voyez. C'est par ce repentir aussi, Messieurs les Pairs, qu'il efface son passé et qu'il peut vous promettre un meilleur avenir. Pour rentrer complètement dans le bien, Fougeray n'a pas tout à oublier ni tout à apprendre. Il n'a jamais donné aux factions sa vie tout entière ; et, par une contradition heureuse, dont ce procès devait offrir plus d'un exemple, je laisserais volontiers à sa conduite le soin de réfuter ses principes. Cet homme, qui demandait l'abolition de la famille, c'est un fils excellent qui n'a jamais manqué à ses devoirs ni à ses affections ; cet ouvrier, qui votait dans les clubs pour l'abolition du travail, acceptait sans se plaindre des journées de quatorze heures ; ce communiste, qui voulait proclamer la loi Agraire, a un livret à la caisse d'épargne ! Contraste remarquable, Messieurs, rare entre tous et précieux pour sa défense !

Au rebours de Fougeray, je soupçonne fort tous ces grands apôtres qui demandent avec tant de dédain pour l'histoire, avec tant de mépris pour la dignité humaine, la réforme, c'est-à-dire l'anéantissement du travail et de la famille, je les soupçonne fort de n'avoir jamais de bien grands travaux, de bien vives affections à sacrifier à leurs hérésies. Il est fâcheux pour eux que les questions générales se mêlent toujours si intimement aux questions personnelles ; et dans ces théories, précédées toujours par une si détestable pratique de la vie, ne serait-il pas possible de voir une tardive et audacieuse excuse pour couvrir les vices de leur nature ou les malheurs de leur destinée? Tout le mal que ces hommes ont pu faire à la France par leurs complots permanents, ou par leur périodiques attentats, par la guerre souterraine qu'il font à l'ordre social ou par leurs sanglantes batailles, ce n'est pas à moi de vous le dire, Messieurs ; mais ne l'oubliez pas, je vous en prie, lorsque l'émeute jette sanglants et meurtris sur le pavé de nos villes tant de braves soldats, tant de généreux citoyens, ce ne sont pas là toutes les victimes des factions populaires ; et ce sont aussi de tristes et déplorables victimes, Messieurs les Pairs, ces jeunes gens de vingt ans qui ont eu le malheur de rencontrer sur leur chemin ces provocations fatales, et de se jeter dans l'obscure mêlée des partis! (Sensation.)

Fougeray est une de ces victimes, Messieurs ; vous ne le frapperez pas ; s'il faut le punir, il est asez puni ; s'il faut le corriger, il est déjà corrigé. Il sait que ce gouvernement contre lequel on avait voulu armer son bras, ne cesse jamais d'honorer et de moraliser le travail et féconder autant qu'il le peut l'activité d'un grand peuple. Il sait que, dans aucun temps, dans aucun pays peut-être, les classes ouvrières n'ont été encouragées et soutenues par une philanthropie plus éclairée et plus pure, par des institutions plus libérales et plus populaires. Il sait aussi, Messieurs, et c'est par là que je termine, que chacun a son devoir à remplir dans ce monde ; que le premier devoir d'un homme est de se dérober soi-même à ces chimériques et avantureuses utopies, à ces ambitions tourmentées qui n'ajoutent qu'un malaise de plus au malaise de la société, et une agitation nouvelle à l'agitation intérieure de l'homme. Le tenter c'est la vertu ; y réussir c'est le bonheur. Et si dans le cours de sa laborieuse et modeste existence, Fougeray se trouve encore aux prises avec les difficultés de la vie, au lieu d'accuser la société et de maudire la Providence, il ne doit point désespérer de lui-même, car il se rappellera que vous qui êtes ses juges, Nobles Pairs, vous n'aurez pas désespéré de sa jeunesse, de son malheur et de son repentir.

(Cette plaidoirie, écoutée par la Cour avec beaucoup de bienveillance, est suivie de nombreuses marques d'approbation. Plusieurs Pairs s'approchent du jeune avocat et joignent leurs félicitations à celles de ses confrères.)

(*Extrait du Moniteur du* 13 *Décembre* 1841.)